Der Liebe Flügel entfalten

Elisabeth Kübler-Ross

zur Autorin:

Elisabeth Kübler-Ross, 1926 in der Schweiz
geboren, studierte in Zürich Medizin.
Bevor sie in die USA auswanderte, war sie in der
Schweiz als Landärztin tätig.
In den Vereinigten Staaten arbeitete sie anfangs in einigen
psychiatrischen Kliniken in New York, Denver und Chicago.
Zeitweise ging sie einer Lehrtätigkeit an einigen Universitäten
nach. In Virginia leitete sie ein Seminarzentrum mit dem Schwerpunkt-
thema „Leben und Sterben". Auf der ganzen Welt hielt sie Workshops ab,
um die Menschen wieder zu lehren, ihre Liebesfähigkeit zu entfalten.
Jetzt lebt sie in einem kleinen Ort bei Phoenix in Arizona.
Ihre Arbeit und Hingabe galten in den letzten Jahren besonders
sterbenden Kindern und Aidskranken.

Alle Rechte – auch die des auszugsweisen Nachdrucks, der fotomechanischen Wiedergabe,
der Übersetzung und der Einspeicherung und Verarbeitung in elektronischen Systemen – vorbehalten.

© Verlag »Die Silberschnur« GmbH

ISBN 3-923 781-99-7

1. Auflage 1996
2. Auflage 1999
3. Auflage 2003

Fotos: Ken Ross
Coverfoto: Hans Kwiatkowski, Bendorf/Rh.
Druck: Finidr, s.r.o. Cessky Tesin

Verlag »Die Silberschnur« · Steinstraße 1 · D-56593 Güllesheim

www.silbershnur.de · e-mail: info@silberschnur.de

Der Liebe Flügel entfalten

Elisabeth Kübler-Ross

//////////////////////////// SILBERSCHNUR ////////////////////////////

Vorwort

Liebe Elisabeth!

Zur Vollendung Deines 70. Lebensjahr gratulieren Dir all Deine Leserinnen und Leser und der Verlag „Die Silberschnur" von ganzem Herzen.

Du hast Millionen von uns in allen Teilen der Welt durch Deine Bücher, Fernsehauftritte, Seminare und besonders durch Deine Taten die Herzen geöffnet und uns wichtige Einsichten in das Leben und den Tod vermittelt.

Mit großer Hingabe hast Du Dich um die Sterbenden gekümmert, deren Nöte erkannt und ihnen durch deinen mutigen Einsatz in vieler Weise Erleichterung verschaffen können. Durch Deine Initiative sind die Hospize, die jetzt bereits in vielen Ländern existieren, ins Leben gerufen worden.

Du hast den Krankenschwestern und Ärzten eine besonders humane Sterbepflege nahegebracht und ihnen Möglichkeiten aufgezeigt, wie man den Sterbenden in den unterschiedlichsten Phasen menschlicher begegnen kann. Viele Sterbende konnten aufgrund Deiner Ratschläge zu Hause bei ihren nahen Angehörigen statt in den sterilen Krankenhäusern sterben.

Du saßest an den Betten von Hunderten von Sterbenden, die Dir oft von Erfahrungen berichteten, die hinter dem „Schleier" liegen, durch den sie bereits spähen konnten. Dein Wissen über das Mysterium des Todes und ein Leben danach hast Du trotz aller Anfeindungen seitens Deiner Kollegen und anderer immer mit Mut weitergegeben.

Deine Liebe und Fürsorge galt allen Sterbenskranken, auch den sozial Ausgestoßenen. Du gehörtest mit zu den ersten, die aidskranke Strafgefangene in ihren Zellen aufsuchten, um deren bitteres Los menschenwürdiger zu gestalten.

Deine Liebe und Hingabe gegenüber allen Menschen in ihrer schwierigsten Phase gilt uns allen als großes Vorbild.

Wir alle, liebe Elisabeth, sagen dir Dank für Deine großartige Hilfe und Liebe, die Du uns allen - direkt und indirekt - zukommen ließest.

Wir wünschen Dir auf Deinen weiteren Lebensweg Gesundheit und viel Freude und Liebe.

Im Namen Deiner Leserinnen und Leser
Verlag „Die Silberschnur"

Wir Menschen wissen nicht mehr, was wirkliche Liebe ist, wir müssen es erst wieder lernen.

Liebe bedeutet nicht: „Ich liebe Dich, wenn Du gute Schulnoten nach Hause bringst", oder „Ich liebe Dich, wenn Du mir dies oder jenes kaufst." „Ich liebe, wenn, wenn, wenn." Das ist nicht Liebe, das ist Manipulation und wir müssen lernen, das zu unterscheiden. Wirklich lieben heißt geben, ohne irgendwelche Gegenleistungen zu erwarten. Wir lieben jeden, so wie er ist, ohne Rücksicht auf Verhalten oder Aussehen der Person.

Nur mit Liebe ist unser Leben lebenswert. Wenn Sie wirkliche Liebe erfahren, dann seien Sie dankbar. Füllen Sie Ihr ganzes Sein damit und geben Sie sie dann an andere weiter. Das wird Ihr Leben in allen seinen Aspekten verändern.

Wenn wir Menschen bedingungslos lieben würden, würde es weder Diskriminierung, Rassenprobleme, Krieg noch Haß in der Welt geben. Auch Umweltverschmutzung wäre kein Thema, denn wir würden die Erde und alle ihre Bewohner mit Respekt behandeln. Wir können nicht die Schweiz lieben, aber die Nazis hassen. Ein Leben, basierend auf Liebe, würde ganz andere Prioritäten haben, und somit würde sich dessen Qualität auch wesentlich verbessern.

Um lieben zu lernen, müssen wir bei uns selbst anfangen und versuchen, unsere schwachen Seiten zu erkennen. Wir dürfen Menschen nicht länger diskriminieren und klassifizieren. Wenn wir Menschen begegnen, die eine Aversion in uns hervorrufen, müssen wir versuchen, diesen Gefühlen auf den Grund zu gehen. Anstatt auf diese Weise mehr über uns zu lernen, vermeiden wir jedoch nach Möglichkeit jede weitere

Begegnung mit ihnen. Wir können nicht mit einem großen Schild herumlaufen, auf dem geschrieben steht: „Ich liebe den Frieden." Damit sagen wir gleichzeitig aus, daß wir den Krieg hassen. Sobald Frieden und Liebe Teil unseres Lebens geworden sind, werden wir kein Interesse mehr daran haben, an Protestmärschen teilzunehmen und mit großen Schildern durch die Straßen zu marschieren. Nur wenn wir dies praktizieren, tragen wir zum Frieden in der Welt bei. Eine Friedensbewegung kann niemals durch Kampf und Demonstrationen unterstützt werden. Dasselbe gilt auch für die feministischen Bewegungen. Ich halte nichts von Extremen, egal welcher Art. Es gefällt mir nicht, wenn Leute von Gott als SIE sprechen. Gott ist weder ER noch SIE, sondern eine Kombination von beidem. Jeder, der an gewaltsamen Demonstrationsmärschen teilnimmt, gibt damit nur seinem Mangel an Liebe, Respekt und innerem Frieden Ausdruck.

Sind wir in unserem Inneren von diesen Qualitäten erfüllt, können wir nicht mehr aggressiv und häßlich auf unsere Umwelt reagieren. Wenn wir Liebe durch unsere Herzen fließen lassen könnten, würde es keine Armut, keine Diskriminierung, keine heimatlosen Kinder, all den körperlichen und sexuellen Mißbrauch an Kindern und die schweren Schicksale, die alte Menschen oft erleiden müssen, geben.

Ich wünschte, Kinder könnten schon in frühester Kindheit bedingungslose Liebe erfahren. Es war immer mein Traum, und teilweise konnte ich ihn auch verwirklichen, das System in den Pflegeheimen hier in Amerika zu ändern. Leider sind Altersheime meist keine angenehmen Stätten. Sie sind wie Lagerräume für alte Leute. Ich stelle mir Altersheime als sogenannte ET-Zentren vor - E für „elderly" und T für „toddler", das Kleinkind (beides aus dem Englischen) -, in denen die 70-, 80- und 90jährigen mit den Kleinkindern unter einem Dach leben. Jeder sucht sich nun eines dieser Kinder aus, das ihm am meisten zusagt, und seine Aufgabe ist es dann, dieses Kind täglich für eine Stunde so richtig zu verwöhnen. Nur eines ist dabei nicht erlaubt: dem Kind irgendetwas zu kaufen. Durch die Kleinkinder bekommen diese alten Menschen wieder den körperlichen Kontakt, den sie so sehr brauchen, und der „Opa" oder die „Oma" ihrerseits erfreut die Kinder mit all den Geschichten, die die Falten ihres alten Gesichtes zu erzählen haben. Eine Pflegeschwester vermag diesen Menschen nicht das zu geben, was ein kleines Kind ihnen geben kann.

Auf diese Weise bekommen die Kinder eine Form von Liebe, die nicht, wie zum Beispiel bei den Eltern, mit Erwartungen verknüpft ist. Dieses gegenseitige Geben und Empfangen von Liebe zwischen diesen kleinen Kindern und den älteren Menschen ist so wichtig. Das Schöne daran ist, daß diese alten Menschen wieder körperliche Berührung erfahren. Dies ist in ihrem Alter ebenso wichtig, wie es zu Beginn unseres Lebens als Baby war. Haben Kinder in ihren ersten Lebensjahren bedingungslose Liebe erfahren, so kann ihnen diese Erfahrung nie wieder genommen werden, und meist sind es alte Menschen, der Großvater oder die Großmutter, die uns diese Form von Liebe lehren können.

Es ist sehr wichtig, sich dessen bewußt zu sein. Zu Beginn meiner Workshops stelle ich immer die Frage: „Welche Person hat Sie in Ihrer Kindheit bedingungslos geliebt?" Und es ist fast immer eine ältere Person, nicht die Mutter oder der Vater. Die Eltern stellen einfach zu viele Erwartungen an ihre Kinder. Oft erinnern Leute sich auch noch anderer Menschen, von denen sie auf besondere Weise respektiert und geliebt wurden, vielleicht der Postbote oder ein Lehrer in der Volksschule.

Der einzige Weg, lieben zu lernen, ist Liebe zu erfahren. Mit jedem Mal, da Sie Liebe erfahren, wächst Ihre eigene Fähigkeit zu lieben. Leider gibt es Menschen, die nie in ihrem Leben erfahren, was Liebe ist, wie z.B. Kinder in Brasilien. Diese heimatlosen Kinder werden oft einfach auf der Straße ermordet. Sie werden umgebracht und ihre Organe für Geld verkauft. Oder man schickt sie als Prostituierte auf die Straße. Vom ersten bis zum letzten Tag ihres Lebens werden sie nur ausgebeutet. Wir, die Erwachsenen, sind es, die den Kindern ein schlechtes Beispiel geben. Wir lehren sie, die Unwahrheit zu sagen. Nehmen wir an, eine Mutter telefoniert mit der Tante und sagt: „Oh, Tante soundso, wir freuen uns schon, daß Du kommst und mit uns den Abend verbringst." Und dann legt sie auf und schimpft auf die Tante, daß sie der Familie nun wieder den schönen Abend verderben wird. Der 3jährige hört das, und wenn die Tante dann am Abend erscheint, sagt er zu ihr: „Tante, warum kommst du und verdirbst uns den schönen Abend?" Die Mutter wird natürlich böse und sperrt das Kind in sein Zimmer. Warum? Weil es wiederholt hat, was es von der Mutter gehört hat. Niemand hat ihm gesagt, daß es den Mund zu halten hat und etwas vortäuschen soll, das nicht der Wahrheit entspricht. So erziehen wir unsere Kinder!

Schon als Kind sollten wir lernen, daß unsere Gedanken, Worte und Handlungen Geschenke sind, die uns gegeben wurden, um ein erfülltes Leben zu führen. Das größte Geschenk aber ist unser freier Wille. Wir treffen täglich Hunderte von Entscheidungen. Ich habe die Wahl, ob ich lieber Schokolade essen oder eine Zigarette rauchen möchte. Sie treffen immer die beste Entscheidung, wenn Sie der Wahl Ihres Herzens folgen.

Es ist wichtig, daß Menschen endlich lernen, daß sie für jeden ihrer Gedanken, Worte und Handlungen ganz allein die Verantwortung tragen. Gedanken sind unglaublich machtvoll, und sie kommen immer zu dem zurück, der sie ausgesandt hat. Deshalb ist es so wichtig, daß Kinder schon in jungen Jahren lernen, darauf zu achten, was sie tun, und auch ihre Worte mit Bedacht wählen. Das ist eine hervorragende Vorarbeit für sie, um dann als Erwachsene das Training fortzusetzen und zu lernen, auch ihre Gedanken bewußt wahrzunehmen.

Wir lehren unsere Kinder gutes Benehmen, daß man z.B. andere nicht schlägt oder Steine nach ihnen wirft. So ein Verhalten wird in unserer Gesellschaft nicht akzeptiert. Leider versäumen wir es aber, unsere Kinder auch auf den unheilvollen Mißbrauch von Worten hinzuweisen. Aber wie sollen wir andere etwas lehren, was wir selbst nicht wissen und praktizieren! Ebenso ist es mit unseren Gedanken. Kaum einer ist sich bewußt, welch kraftvolle Waffe wir da besitzen. Wir müssen lernen, Verantwortung zu tragen, und das bedarf jahrelangen Trainings.

Aber es ist möglich, dies in unserem Leben zu lernen. Wir können damit anfangen, indem wir auf unser Leben zurückschauen und erkennen, welche schädigenden Auswirkungen negative oder unfreundliche Gedanken auf andere hatten. Wir müssen bedenken, daß alle unsere Gedanken Konsequenzen haben.

Früher war es üblich, daß in einem vollbesetzten Zug, einer Straßenbahn oder einem Bus Leute ihren Sitzplatz älteren, zusteigenden Fahrgästen anboten.

Heutzutage stehen Leute, vor allem Jugendliche, noch nicht einmal auf, wenn jemand auf Krückstöcken ankommt, so abgestumpft und respektlos sind wir unseren Mitmenschen gegenüber geworden. Mütter könnten ihre kleinen Kinder darauf aufmerksam machen, wenn ein netter Mann einer alten Frau über die Straße hilft und sagen: „Das ist wirklich ein netter Mann. Sieh, wie er der Frau hilft, bei diesem Verkehr sicher die Straße zu überqueren." So etwas würden Kinder sich merken. Und eines

Tages schauen Sie aus dem Fenster und und sehen Ihre eigene Tochter einer behinderten Person über die Straße helfen. Menschen lernen viel mehr durch Vorbilder als durch Worte.

Der Grund für unser liebloses Verhalten zueinander ist die Bitterkeit, der Ärger und die negative Einstellung, die so viele Menschen mit sich herumtragen. Sie sind erfüllt mit Schmerz, der keinen Raum für Liebe läßt. Menschen werden immer und immer wieder verletzt, und wenn sie es nicht mehr ertragen können, bilden sie eine dicke Schutzmauer um ihr Herz. In diesem Zustand sind sie außerstande, Liebe zu empfangen, und es erfordert viel Arbeit, ihnen aus ihrer Isolation herauszuhelfen.

Da unser Ursprung die reine Quelle der Liebe ist, war Liebe immer ein wichtiges Thema für die Menschheit. Wir sind aus Liebe geschaffen worden und ebenso die Erde. Alles hat seinen Ursprung in der Liebe, selbst die Steine, aus denen unser Haus gebaut ist. Aber mit der Zeit entfernten wir uns immer mehr von dieser Quelle und vergaßen, was Liebe wirklich ist. Wir ersetzten sie durch Sex, Vergnügen, Drogen oder den Rauschzustand durch Alkoholkonsum. Wir wußten nicht mehr, wie es ist, geliebt zu werden. Nur wenige Menschen können sich daran erinnern, je bedingungslos geliebt worden zu sein. Wenn Sie 60 Jahre hier auf dieser Erde gelebt haben und niemals bedingungslose Liebe erfahren haben, werden Sie entweder stoisch, verbittert, abgestumpft oder gefühllos. Sie haben keine Ahnung, was Liebe ist. Jugendliche denken, Sex ist Liebe. Deshalb gibt es so viele Jugendliche, die schwanger werden. Sie sind noch nicht einmal 16 Jahre alt, haben keine abgeschlossene Schulausbildung und bringen uneheliche Kinder zur Welt. Sie glauben nun zu wissen, was Liebe ist, und in Wirklichkeit sind sie nur als ein Liebesobjekt benutzt worden.

Sex ist eine körperliche Befriedigung und sollte nicht mit Liebe verwechselt werden. Das sexuelle Zusammensein erfüllt seinen Sinn, wenn gegenseitiges Verständnis, Respekt und Einfühlungsvermögen da ist und beide Partner Verantwortung für diese Partnerschaft übernehmen. Aber es ist unsinnig zu glauben, man habe Liebe erfahren, nur weil man eine Nacht mit einem Partner im Bett verbracht hat.

In meiner außerkörperlichen Erfahrung habe ich die Art von Liebe erlebt, nach der wir uns alle sehnen. Ich nenne sie *wahre bedingungslose Liebe.* Es gibt keine Worte, die dieses Erlebnis beschreiben könnten. Sie wissen, daß Sie akzeptiert sind, so wie Sie sind. Alle Ihre Vergehen lösen sich einfach auf und sind Ihnen vergeben, noch bevor Sie sie überhaupt erwähnen können. Alles dort ist absolutes Verständnis und Mitgefühl. Und mögen Sie sich selbst auch für häßlich und fragwürdig halten - für diese Wesen dort drüben sind Sie nur Schönheit, innerlich und äußerlich, denn sie kennen Sie bis zu den tiefsten Schichten Ihres Seins. Es ist so unbeschreiblich schön, nach all der Kritik, mit der wir von seiten unserer Eltern und der ganzen Familie her aufgewachsen sind, endlich jemandem zu begegnen, der Sie ohne Vorbehalte liebt. Keinen Zentimeter wollte ich mich von diesem Wesen mehr entfernen. Es gibt kaum einen Patienten von mir, der so ein Erlebnis hatte und dann wieder zurückkommen wollte; nicht einmal Eltern mit kleinen Kindern.

Diese Art von Liebe durchdringt zunehmend die Schichten unseres irdischen Bewußtseins. Das zeigt sich z.B. in dem ganzheitlicheren Denken unserer Zeit. Mehr und mehr Menschen haben Nah-Toderfahrungen und kommen in Kontakt mit dieser Liebe - nicht um wirklich die Schwelle zur anderen Seite zu überschreiten, sondern um diese Erfahrung zur Erde zurückzubringen und ihre Erkenntnisse mit ihren Mitmenschen zu teilen.

Keiner, der so etwas mal erlebt hat, wird je wieder zu seiner alten Lebensweise zurückkehren können. Er wird ganz andere Prioritäten in seinem Leben setzen.

Zum Beispiel die Situation mit meinem Haus, das niedergebrannt wurde. Ich war so wütend, denn all die großen Kisten mit Jacketts, Mänteln und Schuhen, die ich für die Wohnsitzlosen gesammelt hatte, waren vernichtet worden. Ich hatte mich schon so darauf gefreut, diese armen Menschen zu Weihnachten damit zu überraschen. Ich konnte es kaum erwarten.

Es war im Oktober 1994. Ich war gerade auf dem Weg von einer zweieinhalb-tägigen Tour nach Hause nach Virginia. Während ich auf dem Flughafen in Baltimore saß und auf meine Maschine wartete, wurde ich über mein Funktelefon angeläutet. Ich dachte bei mir: Noch nicht einmal auf dem Weg nach Hause können sie mich für eine Stunde in Ruhe lassen. So versuchte ich das Piepsignal zu ignorieren, in der Hoffnung, daß sie es nicht weiter versuchen würden. Beim dritten Anläuten antwortete ich schließlich doch. Man teilte mir mit, daß eine Freundin von mir auf dem Weg von New York zu mir sei. Sie sagten, es sei sehr wichtig, und ich solle auf gar keinen Fall mit der Maschine fliegen. Ich dachte, die sind verrückt. Ich bin fast zu Hause und soll hier in einem Hotel übernachten? Das kam natürlich nicht in Frage. Zwei Minuten vor dem Abflug kam meine Freundin auf dem Flughafen an. Ich sagte ihr, daß ich heute noch nach Hause müsse, und sie erwiderte: „Es gibt kein zu Hause mehr."

Mein erster Gedanke war sofort: „Jemand hat mein Haus angezündet. Das überrascht mich nicht." Diese Leute versuchten mit allen Mitteln, mich zu vernichten. Die Menschen dort sind noch 300 Jahre zurück in der Zeit - mit allem. Sie wollen mit allen Mitteln verhindern, daß ich dort ein Aids-Zentrum eröffne. Sie nennen die Neger heute

noch „Nigger" und können nicht verstehen und auch nicht tolerieren, daß ich Neger mag und sogar aidskranke Negerbabies adoptieren wollte. Sie ersinnen immer wieder neue Wege, um mich da hinauszuekeln. Sie haben durch meine Schlafzimmerfenster geschossen, mir die Luft aus den Reifen gelassen, eines meiner Lamas erschossen und nun sogar mein Haus niedergebrannt. Aber ich habe mich an ihre negative und ablehnende Haltung gewöhnt.

Trotzdem wollte ich nach Hause, wenn auch vielleicht nur, um für meine Tiere da zu sein, die sicherlich ganz verängstigt waren.

Auf dem einstündigen Heimflug hatte ich genügend Zeit, um über alles nachzudenken. Ich hatte tatsächlich kein Heim mehr, in das ich zurückkehren konnte, keine Unterwäsche, keine Strümpfe und nicht einmal ein T-Shirt zum Wechseln. Alle Weihnachtsgeschenke, die noch im Haus gelegen hatten, waren verbrannt. Das dicke Manuskript meiner Autobiographie, die ich gerade beendet hatte, war vernichtet - das einzige Exemplar, das es davon gab. Sie zu schreiben, hatte mich so viel Zeit gekostet - Zeit, die ich eigentlich nicht hatte. Mit ihr verbrannten weitere 200 Manuskripte von Leuten, die mich gebeten hatten, ein Vorwort zu ihren Büchern zu schreiben, und ebenso meine gesamte Bibliothek von über 5000 Büchern. Es war ein riesiger Verlust - und doch, das einzige, was ich denken konnte, war: Es sind alles nur Gegenstände. Was hat mehr Bedeutung, materielle Objekte oder meine Kinder? Alles ist relativ. Und so fühlte ich keine Trauer um all die Sachen, die bei dem Brand vernichtet worden waren. Im Gegenteil, ich empfand eher ein Gefühl der Erleichterung. Ich brauchte mir nun keine Gedanken mehr darüber zu machen, bei meinem nächsten Umzug all diese Sachen verpacken zu müssen. Das war sehr praktisch.

Nach 30 Jahren Arbeit mit sterbenden Menschen weiß ich, daß wir nichts mit hinübernehmen können. Das einzige, worum es mir leid tat, waren die Kisten mit all den Kleidungsstücken für die Wohnsitzlosen. Ich schickte ihnen jeden Monat große Kisten, aber die guten Sachen hob ich für Weihnachten auf. Ich empfinde keinen Ärger oder Haß gegen die Brandstifter. Ich weiß, daß sie selbst die Konsequenzen ihres Tuns verantworten müssen. Gott ist viel gerechter, als wir es je sein können. Ich lebe nun in einem Haus in Arizona. Es ist viel kleiner, ich habe weniger Bücher und weniger Sachen insgesamt, aber ich habe ein Dach über dem Kopf. Und wenn auch dieses Haus einmal niederbrennen sollte, so habe ich noch mein Tipi-Zelt. Solange ich nicht zu frieren brauche, bin ich glücklich.

Der Materialismus behindert uns sehr darin, unserer wahren Liebe Ausdruck geben zu können. Solange wir alles nur in der Hoffnung tun, dadurch materiell zu profitieren oder eine Beförderung an unserem Arbeitsplatz zu bekommen, sind wir nicht offen für Liebe. Das Fernsehen ist eines der Hauptquellen, durch das wir suggeriert bekommen, was wir alles haben „sollten". Ich bin richtig allergisch gegen das Wort „sollen." Durch unsere Erziehung haben wir gelernt, uns schuldig zu fühlen, wenn wir nicht alles tun, was und wie wir es tun „sollten". Glücklicherweise tritt durch unsere spirituelle Weiterentwicklung auch diesbezüglich schon eine Veränderung in unserem Denken ein. Je weiter wir in diesem Prozeß voranschreiten, desto weniger Bedeutung werden materielle Dinge noch für uns haben, und damit schaffen wir mehr Raum für Liebe.

Die Essenz eines jeden Menschen ist Liebe. Da wir dies nicht wissen, können wir sie auch nicht erblühen lassen. Die Wahrheit ist, daß unsere Seele wahrhaftig ein Teil Gottes

ist. Die Kirchen sind mitverantwortlich dafür, daß wir uns mit Angst und Schuldgefühlen für all unsere Taten beladen, die in ihren Augen falsch sind. Angst und Schuld sind die großen Feinde des Menschen. Die Last dieser Gefühle zu tragen, kostet uns viel Energie, die wir besser als Nahrung für unsere Seele nutzen könnten. Da die Gefühle von Schuld uns behindern und einschüchtern, sind wir nicht in der Lage, unseren spirituellen Quadranten zu entwickeln, und ohne ihn ist es unmöglich, wahre Liebe zu erfahren.

Die größten Opponenten der Liebe sind jedoch Gleichgültigkeit und Ignoranz. Mit Haß und Schuldgefühlen können wir wenigstens noch arbeiten und einander helfen, uns davon zu befreien, und damit öffnen wir der Liebe alle Türen.

Ich glaube, daß wir alle sowohl einen Hitler als auch eine Mutter Theresa in uns haben. Je nachdem, welcher Pflanze wir Wasser geben, wird die eine gedeihen und die andere verkümmern. Im Laufe all unserer Inkarnationen stärken wir jedoch mehr und mehr die Mutter Theresa in uns. Allerdings gibt es auch viele junge, noch unerfahrene Seelen auf Erden, was z.B. der Krieg in Bosnien zeigt.

Das, was ich als den inneren Hitler bezeichne, ist der in uns wohnende Drang nach Zerstörung, unsere Schlechtigkeit, unsere Negativität. Wir müssen wieder lernen, ehrlich zu sein, was die meisten Erwachsenen leider nicht sind. In meinen Vorträgen und Workshops spreche ich von den drei Arten von Menschen, bei denen wir diese Ehrlichkeit noch finden. Das sind erstens die Patienten mit Psychose, zweitens die Sterbenden und dann die ganz kleinen Kinder, bevor sie durch den Einfluß von Erwachsenen verdorben werden. Es ist wunderbar zu sehen, wie ehrlich diese Kleinen noch sind. Um diese Tugend wieder in uns entwickeln zu können, ist es unbedingt

notwendig, den inneren Hitler in uns zu erkennen und uns von ihm freizumachen. Nehmen wir an, Sie begegnen jemandem, und Sie bemerken, daß diese Begegnung eine negative Reaktion in Ihnen hervorruft. Sie wissen nicht warum, versuchen aber jeglichen Kontakt mit dieser Person zu vermeiden. Diese Person spiegelt aber einen Aspekt Ihrer eigenen Persönlichkeit wider, der bisher verborgen in Ihrem Inneren schlummerte und von Ihnen nicht anerkannt wurde. Wenn Sie einmal den Mut entwickelt haben, sich diesen Aspekt anzuschauen und seinen Ursprung ausfindig zu machen, dann finden Sie auch Mittel und Wege, sich von ihm zu befreien. Ist die Energie einmal ins Fließen gekommen, bringt sie Erinnerungen und die damit verbundenen Gefühle ins Bewußtsein, die durch Zuhilfenahme von anonymen Objekten ausgedrückt und freigelassen werden kann.

Aber bevor Sie jemandem helfen können, sich mit seinem inneren Hitler zu konfrontieren, müssen Sie Ihren eigenen vollkommen unter Kontrolle haben. Auch ich mußte durch diesen Prozeß. Mein innerer Hitler hatte mich beinahe soweit gebracht, einen Priester zu töten. Für nur einen Pfennig wäre ich dazu bereit gewesen.

Es war auf Hawaii. Einige Freunde luden mich ein, dort einen Workshop zu geben. Ich hätte das liebend gerne getan, aber wir konnten einfach keine Räumlichkeiten finden, in denen 90 Personen hätten schreien und auf Gegenstände einschlagen können. In einem vornehmen Ort wie dem Hilton oder Sheraton ist das natürlich nicht möglich. Eines Tages, etwa eineinhalb Jahre später, rief mich eine Frau an und sagte: „Elisabeth, ich habe den perfekten Platz für uns gefunden. Sie können dort bis zu 100 Leute aufnehmen. Die einzige Einschränkung ist, daß der Platz nur in einer bestimmten Woche im April nächsten Jahres frei ist." Ich sagte: „Das geht in Ordnung. Wir nehmen ihn." Wir arrangierten die Buchung und ich sandte ihnen eine Anzahlung von 10.000 Dollar. Um die Einzelheiten machte ich mir keine weiteren Gedanken.

Etwa einen Monat, bevor ich nach Hawaii fliegen sollte, bat ich meine Sekretärin, dort anzurufen, um die näheren Einzelheiten zu erfahren. Erst da fand ich heraus, daß es sich um die Osterwoche handelte. Ich war so ärgerlich. Ich hatte zwei kleine Kinder, und an Ostern und Weihnachten blieb ich immer zu Hause. Nie würde ich meine Familie zu diesen Zeiten sich selbst überlassen. Und nun war es ausgerechnet die Osterwoche. In Gedanken schimpfte ich: „Nächstes Jahr werden sie auch noch Weihnachten verplanen. Warum habe ich überhaupt Kinder, wenn ich nie zu Hause bin?"

Dieses Ereignis brachte natürlich all die Schuldgefühle zum Erwachen, die in meinem Inneren schlummerten. Ich fühlte Haß in mir aufsteigen, eine Reaktion, die oft durch Gefühle von Schuld ausgelöst wird.

Aber es war zu spät, irgendetwas an der Sache ändern zu können. Ich war gereizt und unfreundlich, als ich in Hawaii ankam. Der Pfarrer holte mich ab, und ich glaube, schon bei dieser ersten Begegnung hätte ich ihn umbringen können. Er machte auf mich einen übertrieben frommen und freundlichen Eindruck. Er begrüßte mich überschwenglich: „Ich freue mich ja so, Dr. Kübler-Ross, Sie zu sehen." Ich konnte seine Freundlichkeit fast nicht ertragen. Ich sollte in einem kleinen, sehr netten Landhaus wohnen, das aus einem einzelnen großen Raum bestand. Er führte mich in den Raum mit der Bemerkung: „Dies ist Ihr Heim, fort von zu Hause." Es kümmerte mich nicht, wo ich schlief, ich bin auch Etagenbetten gewöhnt. Aber mir fiel mit einem Blick auf, daß dieser materialistische Gauner alle Kinder der örtlichen Schule auf Ferien geschickt hatte und in der Zwischenzeit ihre Zimmer vermietete, um nebenbei Geld

zu verdienen. Teenager würden gewisse persönliche Gegenstände nicht herumliegen lassen, wenn sie wüßten, daß jemand anderes während ihrer Abwesenheit in dem Zimmer wohnt. Ich empfand es wie ein Sakrileg, ihr Bett oder irgendwelche ihrer Sachen zu berühren. Ich kochte innerlich vor Wut.

Während unseres ersten gemeinsamen Abendessens stand der Pfarrer, der bis zu diesem Zeitpunkt ungemein freundlich zu mir gewesen war, auf einmal vom Tisch auf, kam zu mir herüber und sagte: „Ihre Leute essen zu viel." Ich war so überrascht über diese Bemerkung, daß mir der Unterkiefer herunterfiel. Es war einfach lächerlich; die Kinder aßen sicherlich mehr als diese Leute hier. Eine der Teilnehmerinnen war 100 Jahre alt. Er hatte mich damit so überrumpelt, daß ich nicht in der Lage war, irgendein Wort hervorzubringen. Und was ich dann tat, ist typisch für jemanden, der voller Wut ist und sie nicht ausdrücken kann. Ich wandte mich zu den Leuten am Tisch und sagte: „Greifen Sie ruhig zu, es sind noch Spaghettis da und Knoblauchbrot auch. Wer möchte noch ein Fleischklößchen?" Je mehr sie aßen, desto mehr freute ich mich.

Ich wurde so richtig ekelhaft, aber ohne es offen zu zeigen. Am nächsten Tag kam der Pfarrer und verlangte für jede Tasse Kaffee zusätzlich 25 Cents und später sogar 35 Cents. Für eine kleine Schachtel Corn Flakes wollte er 69 Cents und für jedes Blatt Papier 10 Cents. Ich hätte einen Taschenrechner gebrauchen können, um hinter ihm herzulaufen und all diese Pfennigbeträge zusammenzurechnen. Ich hatte ihm ja bereits 10.000 Dollar für Unterkunft, Verpflegung und alles, was wir sonst noch brauchen würden, gezahlt. Es war unglaublich, daß er die Frechheit besaß, uns jede Kleinigkeit extra zu berechnen. Am Donnerstag war ich dann so weit, daß ich ihn - zumindest in meiner Phantasie - eigenhändig mit dem Fleischmesser in kleine Stücke hätte zerschneiden können.

Ich kann mich nicht mehr erinnern, was ich mir bis zum Ende der Woche noch alles für Torturen für ihn ausgemalt hatte. Als der Workshop dann schließlich vorüber war, war ich vollkommen erschöpft. Nicht ein Funke Kraft war mehr in mir. Bei unserem Abflug in Honolulu hätte man mich fast die Stufen zum Flugzeug hochtragen müssen, so schwach fühlte ich mich. Wie eine 90jährige alte Frau kam ich mir vor. Als ich dann endlich im Flugzeug saß, fragte ich mich: „Welche Knöpfe hat dieser Mann in mir gedrückt?" Wenn er nur noch einen Cent mehr hätte haben wollen, ich hätte ihn umgebracht - nicht kurz und schmerzlos, sondern langsam und mit Genuß. Die ganze Zeit hindurch hatte ich mich wie ein Dampfkessel gefühlt, der unter zu großem Druck steht, und es hatte mich meine ganze Kraft gekostet, diesen Kessel nicht explodieren zu lassen.

Ich wurde mein eigener Psychiater und analysierte jede einzelne Phase dieses Workshops, und wie ich auf jede Situation reagiert hatte.

Als wir schließlich in San Diego landeten, kam es wie eine Erleuchtung: „Ich bin allergisch gegen billige Männer!" Billige Männer? Ja, ich wußte ganz genau, daß es das war. Je kleiner der Geldbetrag gewesen wäre, um den er mich am Ende gebeten hätte, desto größer die Wahrscheinlichkeit, daß ich ihm etwas angetan hätte und nun im Gefängnis in Honolulu sitzen würde.

Wenn er einfach mit der Sprache herausgerückt wäre und gesagt hätte: „Leider habe ich die Kosten für Ihre Gruppe zu niedrig berechnet, ich muß Sie um weitere 5.000 Dollar bitten," so hätte ich ohne mit der Wimper zu zucken einen Scheck ausgeschrieben. Das Problem war nicht das Geld, sondern seine Gierigkeit, die kleinen Dinge. Hier 5 Cents, da 1 Cent usw. Ich wußte erst nichts damit anzufangen, aber es war mir klar, daß die

Schlüsselfigur ein Mann war, nicht eine Frau. Aber die Frage war nun, wo kam das alles her?

Meine Freunde holten mich am Flughafen ab, und das erste, was sie fragten, war: „Wie war der Workshop?" Ich sagte: „Gut." Sie fragten ein zweites Mal: „Wie war der Workshop?" Ich wurde nun schon ärgerlich und erwiderte: „Verdammt noch mal, er war okay." Damit gab ich ihnen deutlich zu verstehen, daß es besser wäre, wenn sie jetzt ihren Mund halten würden, sonst würde ich noch hier auf dem Flughafen explodieren. Als dann noch jemand im Auto nach den „Osterhasen" fragte, hätte ich losschreien können.

Am Haus meiner Freunde angekommen, führten sie mich gleich in einen abgelegenen Raum im Keller. Er war mit einer Matratze, einem Gummischlauch und einem dicken Telefonbuch ausgestattet. Ich war also gut gerüstet. Meine Mitarbeiter in Hawaii hatten meinen Freunden bereits mitgeteilt, daß ich mit irgendeinem tiefer liegenden Problem in Berührung gekommen war. Sowie ich allein war, fing ich an, meine ganze aufgestaute Wut an dem Telefonbuch auszulassen. Und auf einmal tauchten Szenen aus meiner frühen Kindheit auf. Ich sah meinen Vater. Er war Schweizer und ein unglaublich sparsamer Mann. Wenn wir mal Landjägerwurst hatten, mußten wir sie in drei Teile teilen, und jede meiner Schwestern und ich bekam ein Drittel davon. Aber das war nicht so schlimm. Ich bin sicher, er tat sein Bestes. Das Schlimmste für mich war, daß er so gerne gegrillten Hasen aß. Und ich war diejenige, die für die Hasen zu sorgen hatte.

Eine meiner beiden Schwestern war der Liebling meiner Mutter, die andere der Liebling meines Vaters. Für mich blieben nur die Hasen. Als 2-, 3- oder 5jähriges Kind hält man einen Hasen im Arm, schmust mit ihm, und das Tier gibt einem alle Liebe,

die man braucht. Ich konnte mich an ihrem Fell ausweinen und ihnen mein Leid über das Verhalten meiner Eltern klagen, und sie hörten mir immer zu. Sie liebten mich, und ich versorgte und verwöhnte sie, wo ich nur konnte. Sie waren ein ausreichender Ersatz an Liebe, die ich woanders nicht bekam. Meiner Meinung nach wäre es für so manches Kind besser, mit einem Tier aufzuwachsen als mit den eigenen Eltern.

Aber zurück zu meinen Hasen. Sie waren meine ganze Liebe. Und eines Tages kam mein Vater und verlangte von mir, daß ich einen meiner Hasen zum Metzger bringen sollte. Er war so sparsam, es war furchtbar. Aber mit 5 Jahren fragt man noch nicht nach den Ursachen von Verhaltensweisen.

Ich war etwa 4 oder 5 Jahre alt, als mich mein Vater mit meinem geliebten Hasen zum Metzger schickte. Ich mußte ihn dort abliefern und ein oder zwei Stunden später wieder abholen. Später, als ich dann schon zur Schule ging, ging ich auf dem Heimweg beim Metzger vorbei. Der Hase war in einer Papiertüte verpackt, und das Fleisch war meist noch warm.

Ich ging nach Hause und brachte die Tüte zu meiner Mutter in die Küche. Mein Vater war furchtbar autoritär. Er bestand darauf, daß wir alle am Eßtisch saßen, und ich mußte zuschauen, wie meine Familie meinen geliebten Hasen verzehrte. Nur um nicht den Hasen essen zu müssen, wurde ich Vegetarierin.

Ich brauchte jedesmal ein halbes Jahr, um über meinen Verlust hinwegzukommen. Und wenn ich es dann schließlich einigermaßen verkraftet hatte, war es schon wieder an der Zeit, den nächsten zu schlachten. Es brach mir jedesmal fast das Herz, denn mein Vater überließ mir die Wahl des Hasen, der als nächster geschlachtet werden sollte. Mein Lieblingshase war schwarz und hieß Blacky. Ich liebte ihn mehr als alles andere auf dieser Welt, und ich versuchte, ihn solange vor diesem furchtbaren Schicksal zu bewahren, wie ich nur konnte. Ich war damals etwa 6 1/2 Jahre alt, und in meinem großen Kummer flehte ich Blacky an, doch wegzulaufen. Ich versprach ihm, ihn auch weiterhin mit frischem Futter zu versorgen. Dies war die einzige Möglichkeit, sein Leben zu retten. Aber er bewegte sich nicht von der Stelle. Er wußte, daß ich ihn liebte, und ich bin sicher, er liebte mich auch. So mußte ich ihn schließlich doch zum Metzger bringen. Als ich dann den toten Hasen abholte, kam der Metzger heraus und sagte: „Es ist wirklich zu schade, daß Du den Hasen heute schon bringen mußtest. In ein paar Tagen hätte sie sechs Junge bekommen." Ich hatte nicht einmal gewußt, daß Blacky eine ‚sie' war. Ich war vollkommen am Boden zerstört. Ich bewegte mich nur noch wie ein Roboter. Nicht einmal Tränen hatte ich in all den Jahren vergießen können. Ich war der Überzeugung, wenn meine Eltern mich nicht liebten, verdienten sie auch nicht meine Tränen. So zeigte ich weiterhin äußerlich eine gelassene Haltung. Aber innerlich begann ich eine dicke Mauer um mein Herz herum aufzubauen, denn ich wollte nie wieder solch einen Schmerz erfahren müssen. Hätte allerdings jemals jemand von mir verlangt, einen Hasen zu töten - die ganze Fassade wäre augenblicklich zusammengebrochen.

50 Jahre lang hatte ich das alles verdrängt und konnte mich nicht einmal erinnern, warum ich kein Hasenfleisch essen konnte. Erst in diesem Kellerraum, als ich all den Gefühlen freien Lauf ließ, kamen die Erinnerungen und die damit verbundenen Emotionen zurück. Ich brauchte 2 Jahre, um diese Episode zu verarbeiten und zu heilen. Danach konnte ich auch wieder gegrilltes Hasenfleisch essen.

Obwohl das Verhalten dieses Pfarrers mich fast dazu getrieben hatte, gewalttätig zu werden, mußte ich ihm doch sehr dankbar sein, da er mir geholfen hatte, meinen inneren Hitler zu erkennen und mich von ihm zu befreien. Ich konnte natürlich nicht zu ihm gehen und sagen: „Sie sind ein wunderbarer Mensch, danke für alles, was Sie für mich getan haben", denn das stimmte nicht. Er war ein Gauner. So beschloß ich, als Ausdruck meiner Dankbarkeit zu dieser Insel zurückzukehren und mir die Genehmigung zu holen, mit den Insassen des örtlichen Gefängnisses zu arbeiten. Jeder von uns hat so ein ‚schwarzes Häschen' in sich sitzen, ein Erlebnis aus der Kindheit, das, solange wir es nicht verarbeitet haben, unsere Reaktionsweisen bestimmt.

Zuerst reagierten sie meinem Vorschlag gegenüber sehr ablehnend und wollten mich nicht ins Gefängnis hereinlassen. Die Insassen dagegen waren sehr offen für meine Hilfe, und es dauerte nicht lange und die Gefängniswärter änderten ihre Einstellung. Sie waren sehr beeindruckt. Zuerst halfen wir den Leuten, ihren inneren Hitler zu erkennen und dann all ihren unterdrückten Gefühlen Ausdruck zu geben. Ich fühlte mich, als hätte ich eine Million Dollar gewonnen. So groß war die Freude, so vielen Menschen helfen zu können. Meist entwickelt sich dieser innere Hitler in der frühen Kindheit. Durch das rücksichtslose oder gemeine Verhalten von Erwachsenen wird unsere Liebe oft so verletzt, daß wir später nicht mehr in der Lage sind, uns der Liebe zu öffnen. Bei diesen Menschen hatte es sogar so weit geführt, daß sie zu Kriminellen wurden.

Seitdem haben wir Tausenden von Menschen in all den vielen Workshops in Europa, Japan, Australien, Amerika und Kanada geholfen. Aber es ist nicht notwendig, an einem Workshop teilzunehmen. Nehmen Sie einen Gummischlauch oder irgendetwas, mit dem Sie Ihre unterdrückten Gefühle herausprügeln können, am besten mit der Unterstützung eines Therapeuten, Freundes oder einer anderen Person. Wichtig ist dabei, daß diese Person keine Angst vor Gefühlen hat. Denken Sie daran, daß Sie erst Ihren eigenen inneren Hitler unter Kontrolle haben müssen, bevor Sie anderen helfen können. Andernfalls provozieren Sie einander nur und bringen sich womöglich noch gegenseitig um.

Hier ist noch ein weiteres Beispiel, wie freigelassene negative Emotionen Raum für Liebe schaffen.

Es war auf einem meiner Workshops in Michigan. Die Tochter einer der Teilnehmerinnen war brutal ermordet worden. Diese Frau war voller Wut und Rachegefühle, die sie gegen jeden Mörder in ganz Amerika richtete.

Wir gaben ihr ein Telefonbuch und einen harten Gummischlauch und forderten sie auf, ihren Gefühlen so vehement wie möglich Ausdruck zu geben. Sie sollte sie auch verbal ausdrücken, je vulgärer desto besser. Und so schlug sie in Gedanken auf den Mann ein, der ihre Tochter umgebracht hatte. Sie mußte dieses Telefonbuch wohl in tausend Stücke zerrissen haben. Am Ende war sie total erschöpft, aber auch erleichtert. Sogar ihre Atmung hatte sich verändert. Sie konnte es selbst kaum glauben, wieviel Wut sich in ihr angestaut hatte. Es ist wie mit einer Wunde, aus der zuerst der Eiter herausgelassen werden muß, bevor sie heilen kann. Diese Frau hatte auf emotioneller Ebene tonnenweise Eiter herausgelassen.

Unter den Teilnehmern dieses Workshops war auch ein junger Mann, der 20 Jahre im Gefängnis gesessen hatte, weil er seinen Vater erschossen hatte. Niemand außer mir wußte dies. Man hatte ihn freigelassen unter der Bedingung, daß er an meinem Workshop teilnimmt. Er trug einen Anzug und sah wirklich wie ein Gentleman aus. Im Gegensatz zu der Frau, die wie eine Dame aussah, aber die Ausdrucksweise eines Lastwagenfahrers hatte, besaß dieser Mann wirklich gutes Benehmen, ein wahrer Gentleman.

Er erzählte der Gruppe nun, was ihn veranlaßt hatte, seinen Vater umzubringen, und am Ende waren wir soweit, ihn zu seiner Tat auch noch zu beglückwünschen. Sein Vater war ein grausamer Mensch gewesen, der 10 Jahre lang seine Tochter, die Schwester des Mannes, sexuell mißbraucht hatte. Aber es steigerte seinen Genuß noch, wenn er es in Gegenwart des Jungen tun konnte. Nachdem der Junge das viele Jahre mitangesehen hatte, konnte er es nicht mehr länger ertragen, und er erschoß seinen Vater. Wir wußten, daß es nicht richtig gewesen war, ihm zu applaudieren, denn sein Vater war ein sehr kranker Mann. Er hatte alle seine Kinder mißbraucht. Auch der andere Bruder hatte all diesen grausamen Inzest mitansehen müssen. Dieser Mann konnte nur auf freiem Fuß bleiben, wenn er in der Lage war, seinen Lebensunterhalt zu verdienen und eine Wohnstätte zu finden. Zwei Tage später, am Ende des Workshops, ging die Mutter des ermordeten Mädchens auf den Mann zu und fragte: „Haben Sie schon eine Arbeit gefunden?" Er sagte: „Nein." „Haben Sie schon einen Platz, wo Sie wohnen werden?" Auch diese Frage verneinte der Mann. Daraufhin bat die Frau ihn, ihr doch die Freude zu machen und mit in ihr Haus zu ziehen. Da ihre Tochter nun tot war, war das Haus leer, ohne Liebe, ohne Leben. Der Mann nahm dankend an. Ihr Haß hatte sich wahrlich in Liebe verwandelt.

Und das ist es, was wir in unseren Workshops machen: Wir verwandeln Haß in Liebe. Ich werde diese beiden Menschen nie vergessen. Aber hätte sie nicht den Mut gehabt, ihren Haß auszudrücken, sie wäre niemals wieder in der Lage gewesen, Liebe zu empfinden, nicht einmal irdische Liebe. Das ist die Art von Arbeit, die wir tun, Monat für Monat, mit Tausenden von Menschen.

Der Mangel an bedingungsloser Liebe ist ein großes Problem in unserer Gesellschaft, das auch Erkrankungen wie Krebs und Aids verschlimmert. Es ist unser aller Aufgabe, wieder bedingungslose Liebe zu lehren und zu praktizieren, und das ist nicht nur eine Sache von Psychologen, Psychiatern oder Ärzten. Aber wir müssen diese Liebe erst erlebt haben, um sie weitergeben zu können.

Ich bin überzeugt, daß wir bald nicht mehr so viele verschiedene Religionen haben werden, sondern uns zu einer gemeinsamen Weltreligion der Liebe zusammenschließen werden.

Bisher haben Religionen viel Unheil angerichtet. Eigentlich ist es ihre Aufgabe, Liebe zu lehren, aber wie können sie das, da sie selbst nicht wissen, was Liebe ist? Jesus lehrte uns, jeden Menschen zu lieben, unabhängig von seiner Religionszugehörigkeit, seiner Hautfarbe oder seiner Handlungsweise. Priester sollten erst von den Kanzeln predigen, wenn sie gelernt haben, ihre eigenen Lehren auch zu leben.

Ich möchte Ihnen dazu ein Beispiel geben. Vor 20 Jahren bin ich von Staat zu Staat gereist und habe Vorträge in Kirchen und Kirchengemeinden gehalten. Wenn Vertreter dieser Gemeinden mich vom Flughafen abholten, erkundigten sie sich nicht, wie mein Flug war, ob ich schon gegessen hatte oder ob ich müde sei und mich erst ausruhen möchte. Ihre einzige Frage war: „Was sind Sie?" Lange Zeit hatte ich keine Ahnung, was sie damit überhaupt meinten. Dann fand ich heraus, daß sie wissen wollten, welcher Glaubensgemeinschaft ich angehöre. Ich sollte immer der Religion angehören, bei der ich gerade den Vortrag hielt. War ich also bei den Lutheranern, sollte ich Lutheranerin sein, in der Baptistenkirche Baptistin usw. Und nur dann wurde ich akzeptiert. Ich war es so leid, daß sie sich nie nach meinen Bedürfnissen erkundigten, sondern ihre einzige Sorge meiner Konfessionszugehörigkeit galt. Dann fiel mir endlich die passende Antwort ein, die sie ein für allemal zum Schweigen brachte.

Als sie mich wieder einmal fragten, was ich bin, gab ich zur Antwort: „Auf dem Papier bin ich Protestant, im Herzen Katholik, und verheiratet bin ich mit einem Juden. Ist das gut genug für Sie?" Damit hatte ich der Fragerei ein Ende gesetzt. Meine Philosophie ist es, sich aus jeder Religion das Beste herauszunehmen und es zu leben.

Die Schlimmsten von allen sind die Wiedergeborenen Christen. Sie zitieren ständig gewisse Schriften und Verszahlen und haben keine Ahnung, wovon sie überhaupt sprechen. Was sie tun, hat nichts mit Liebe zu tun. Sie diskriminieren Menschen, verurteilen und stempeln jedem ein Etikett auf und tun alles, um andere Menschen in der Öffentlichkeit bloßzustellen.

Diese Leute werden staunen, wenn wir uns auf der anderen Seite wiederbegegnen. Ich habe einen gemeinen Zug an mir und den möchte ich auch behalten. Wenn ich hinüberkomme, hoffe ich, all diese Wiedergeborenen Christen dort anzutreffen, die es mir hier auf Erden so schwer gemacht haben und behaupteten, ich sei kein Christ, nur weil ich an Reinkarnation glaube. Ich möchte dasitzen und mich an ihren ungläubigen Augen ergötzen, die da sagen: „Und du hast es hier herüber geschafft?" Und dann werde ich ihnen eine lange Nase zeigen.

Vielleicht wird es bis dahin für mich gar nicht mehr wichtig sein, aber im Moment bereitet mir diese Vorstellung noch große Genugtuung.

Nachdem wir gestorben sind, gelangen wir in den Glanz dieses unglaublich strahlenden Lichtes, das reine Liebe ist, und es werden uns zwei Fragen gestellt: „Wieviel Liebe warst du in der Lage zu geben und anzunehmen?" Und die zweite Frage lautet: „Wieviel Dienst hast du an deinen Mitmenschen geleistet?" Und damit ist gemeint, Dienst an jedem, ohne Unterschiede zu machen. Das können die Wohnsitzlosen sein,

die Zigeuner, Aidskranke, alte Menschen oder Waisenkinder. Davon hängt es ab, in welche Dimension wir kommen.

Ich möchte hier einige Beispiele von bekannten Persönlichkeiten anführen, die ich ganz besonders für ihren Mut und die Liebe schätze, die sie für ihre Mitmenschen hatten.

Dag Hammerskjöld war einer von den Menschen, die der Menschheit in großer Liebe zugetan waren. Ich finde seine Schriften einfach großartig. Er ist eine prachtvolle Seele.

Gandhi steht an allererster Stelle auf meiner Liste. Ich bewundere vor allem seinen Mut. Er hat immer seinen Kopf hingehalten und hatte vor niemandem Angst. Er ließ sich weder von den Briten noch von der Negativität, die ihn umgab, einschüchtern. (Seine Form von Meditation war das Spinnen.)

Mutter Theresa steht nicht auf meiner Liste. Ich gebe sie nur als Beispiel an, weil jeder sie kennt. Ich würde lieber Pestalozzi erwähnen, aber er ist hier in Amerika nicht so bekannt. Mutter Theresa hat viele Komplexe, wie man bei der Nobelpreisverleihung sehen konnte. Sie ist sozusagen von dem Podest gefallen, auf das ich sie gestellt hatte. Sie verurteilt die Menschen, die ihre Babies abtreiben lassen, und solche, die mit einem großen Essen ihre Nobelpreisverleihung feiern. Sie ist sehr eigensinnig. Ich kenne eine ganze Reihe von Katholiken, die wesentlich toleranter und verständnisvoller sind und wirklich bedingungslos Liebe geben.

Pestalozzi war das erste wirkliche Idol, das wir in der Schweiz hatten. Er war weltweit der Begründer von Waisenhäusern. Wenn ich mehrere Millionen Dollar hätte, würde ich das schönste Waisenhaus errichten, für all die von zu Hause fortgelaufenen und unerwünschten Kinder. Schon in ganz jungen Jahren war er mein Vorbild, und ich bin überzeugt, daß er mir geholfen hat, mich auf meine Arbeit mit Kindern vorzubereiten.

Auch Martin Luther King ist einer meiner großen Vorbilder. Er ist mit seinen Leuten marschiert und hat so vielen geholfen. Noch heute ist er für viele junge Schwarze das große Idol, weil sie sonst niemanden haben, zu dem sie aufschauen könnten. Er verrichtete diese Arbeit nicht, weil er dafür bezahlt wurde. Er setzte sich wirklich für Menschen ein und gab nicht nur Liebe, weil es gerade mal angebracht war oder um den Nobelpreis oder eine andere Auszeichnung zu bekommen.

Es war immer mein Wunsch gewesen, mit Albert Schweitzer zusammenzuarbeiten, aber nur unter der Bedingung, daß Leute nicht seinen Glauben annehmen müssen. Nach dem, was ich über ihn gehört habe, soll er Menschen mehr geholfen haben, wenn sie zum christlichen Glauben übergetreten waren oder zumindest vorgaben, das zu glauben, was auch seiner Überzeugung entsprach. Und das gefällt mir nicht. Wenn ich auf der anderen Seite bin, werde ich Gelegenheit haben, mit Schweitzer zu sprechen, und dann werde ich selbst herausfinden, ob das stimmt. Entweder er wird es bestätigen, oder er wird sagen, daß er allen Menschen gleichermaßen geholfen hat, Christen und Nichtchristen.

Auch der frühere US-Präsident Carter beeindruckt mich. Er zeigte viel Mut und Liebe zu den Menschen.

Maria, die Mutter Jesu, war ein Beispiel vollkommener Liebe. Sie kommt und hilft mir sehr viel, besonders in ganz schwierigen Fällen von sterbenden Kindern. Ich brauche nur zu denken: „Maria, ich brauche deine Hilfe." Und im selben Moment steht sie mir schon zur Seite. Ich fühle sehr deutlich ihre Gegenwart, und jeden Tag aufs Neue demonstriert sie ihre bedingungslose Liebe. Sie ist die Frau meines Herzens. Mutter Theresa tut sehr viel Gutes und zeigt viel Kraft, Stehvermögen und Mut in der Arbeit mit all ihren schwierigen Patienten, aber sie ist zu eigensinnig, um wirklich bedingungslos lieben zu können.

Es gibt auch viele Organisationen, die ich für ihren mutigen Einsatz bewundere, z.B. Amnesty International. Sie beeindrucken mich viel mehr als die Heilsarmee. Amnesty International hilft wirklich den Ärmsten, und sie riskieren dabei ihr eigenes Leben.

Hier in Amerika gibt es auch eine Gruppe, die all den Menschen hilft, die vom Ku Klux Klan belästigt oder gefoltert worden sind. Familien von Schwarzen wurden verbrannt oder Kreuze vor ihren Häusern in Brand gesteckt, um ihnen Angst einzuflößen. Mitglieder dieser Gruppe versuchen alles, um Rechtsanwälte oder andere mutige Menschen zu mobilisieren, diesen schwarzen Familien Gerechtigkeit zukommen zu lassen. In vielen Fällen sind sie auch erfolgreich. Diese Leute helfen, obwohl sie dabei riskieren, selbst getötet oder verbrannt zu werden. Für mich besteht kein Zweifel daran, daß Leute, die helfen und ihr Leben riskieren, dafür belohnt werden.

Dies waren nur einige Beispiele von berühmten Persönlichkeiten und Organisationen, die ich für ihre Liebe, die sie allen geben, bewundere. Aber ich weiß, daß es auch Millionen von unbekannten Menschen gibt, die täglich mit Liebe ihren Mitmenschen dienen.

Ich kenne eine Frau namens Wendy, die mehr behinderten Kindern geholfen hat als jeder andere, den ich kenne. Sie stellte Werkzeuge, Maschinen und andere Dinge her, die mehr Komfort in das Leben dieser Behinderten brachte, z.B. Spezialbetten, Spezialtische, spezielle Eßbestecke für ein Kind, das nur einen Finger an einer Hand hat. Diese Frau ist sehr still, und kaum einer weiß von ihrer Arbeit. Aber sie ist für diese Kinder da, Tag für Tag. Oft sind es gerade diese stillen Menschen, die unermüdlich ihre Liebe aussenden.

Die besten Beispiele für die aufopfernde Pflege und Liebe zu den Mitmenschen finden wir sicherlich unter den Nonnen. Ich habe in meiner Arbeit viele Schwestern kennengelernt, die den Patienten in unglaublich liebevoller Weise gedient und geholfen haben. Nach meinen Erfahrungen waren die Ärzte, Psychologen oder Psychiater oft am wenigsten dazu in der Lage.

Ich habe immer wieder feststellen können, daß Nonnen ihre Arbeit mit so viel Liebe und Hingabe verrichten und sich wirklich Zeit für die Patienten nehmen, wenn diese sie brauchen. Sie zählen in jeder Beziehung zu meinen stillen Helden. Sie arbeiten täglich mit den Sterbenden, ohne etwas für ihre Arbeit zu nehmen. Manchmal haben sie nur noch 5 Dollar übrig und müssen davon 50 Patienten Essen geben, aber sie verlieren nie ihre Hoffnung. Sie gehen in die Kirche und bitten, daß irgendein wohltätiger Mensch ihnen Geld oder Nahrungsmittel bringt. Und sie bekommen immer, was sie brauchen. Sie leben ohne einen Etat, ohne Einkommen, und sie berechnen niemandem Geld für ihre Dienste. Das sind die wahren Helden. Niemand schien von ihrer schwierigen Lage zu wissen. Erst nachdem mein Buch erschien „TO LIVE UNTIL WE DIE" (Leben, bis wir sterben), bekamen sie die Hilfe und Anerkennung, die sie verdienen.

Einst besuchte ich eine 90jährige Dame in dem Krankenhaus, in dem auch meine Mutter starb. Dieses Krankenhaus wurde von wirklich bewunderungswürdigen Nonnen geleitet. Die Dame lag allein in einem großen Zimmer, und ich wußte, daß sie bald sterben würde. Meine Schwester Eva begleitete mich, und ich sagte zu ihr: „Eva, laß uns ein Lied für sie singen." Die alte Frau hatte einen Schlaganfall erlitten und konnte nicht mehr sprechen. Wir wollten das Lied „Erhebe Deine Augen zu den Bergen" singen, aber wir wußten den Text nicht mehr. Ich wandte mich zu der Patientin und sagte:

„Ich weiß, daß Sie den Text zu dem Lied kennen. Sie müssen uns helfen." Und sie bewegte ihre Lippen. Sie konnte keinen Laut herausbringen und doch sangen wir das ganze Lied, mit allen Strophen, indem wir ihr die Worte von den Lippen ablasen. Das war das letzte, was wir für diese Frau hatten tun können, und ich war glücklich darüber.

In diesem Krankenhaus nahmen sich die Nonnen noch Zeit für ihre Patienten. Sie trieben die Leute niemals zur Eile an, und sie verbrachten ihre Zeit nicht mit all dem Papierkram, sondern kümmerten sich um diese alte Dame und all die anderen Patienten. Das ist bedingungslose Liebe.

Es gibt viele Wege, wie Sie Ihre innere Liebe entfalten können. Im Altersheim gibt es so viele alte Menschen, die Ihre Liebe brauchen. Gehen Sie in ein Waisenhaus und adoptieren Sie ein Kind, oder helfen Sie einer Mutter, die die Arbeit allein nicht schafft, mit 7 Kindern und einem Alkoholiker als Mann, der sie auch noch schlägt. Gehen Sie mit den Kindern auf den Spielplatz, in den Botanischen Garten oder in den Zoo. Diese Kinder würden sich so freuen, wenn jemand ihnen seine Zeit widmet. Ein universales Gesetz besagt, daß alles, was wir geben, zu uns zurückkommt. Du erntest, was Du gesät hast. Wenn Sie also Liebe aussenden, können Sie nur Liebe zurückbekommen. Auch wenn Sie selbst keine Liebe fühlen können, so können Sie doch den Bedürftigen helfen, und Sie werden sehen, wie gut Sie sich dabei fühlen. Die Wohnsitzlosen, die Kranken, die Mißbrauchten, die Bedüftigen, die Sterbenden, die Waisenkinder und alten Menschen - sie alle brauchen Liebe. Es gibt so viele Möglichkeiten, wo Sie Liebe geben können, und Sie brauchen dafür kein Spezialist zu sein. Sie brauchen nur zu geben. Wenn Sie Probleme mit Ihrer Familie haben und nach einem Weg suchen, wie Sie wieder lernen können zu lieben, gehen Sie zu den behinderten Kindern, den Blinden,

den Kindern im Rollstuhl, die nie wieder Fußball spielen können, und beschäftigen Sie sich mit ihnen. Sie werden sehen, wie dankbar diese Kinder sind, daß sie überhaupt noch laufen, sprechen oder schlucken können.

Wenn Sie dieses Leiden sehen, wird Ihr eigenes Problem auf einmal ganz unbedeutend. Wie mag sich jemand fühlen, der nicht mehr ohne Hilfe von anderen zur Toilette gehen kann. Es ist ein Alptraum. Und wenn Sie einem solchen Menschen Ihre helfende Hand reichen und die Erleichterung und Dankbarkeit in seinen Augen sehen, dann wird sich auch in Ihnen etwas verändern, und Ihr eigenes Problem wird ganz klein werden. Auch MS-Patienten brauchen viel Hilfe. Die Lähmung ihres Körpers schreitet täglich voran, und eines Tages sind sie nicht einmal mehr in der Lage, zu sprechen oder irgendetwas zu bewegen. Es gibt endlos viele Möglichkeiten und Plätze, Ihre Liebe zu entfalten.

Ich war gerade in Schweden, als ich einen Anruf bekam von einem Mann, der an Multiple Sklerose erkrankt war. Er war bis zum Hals gelähmt. Er konnte sich nicht bewegen, nicht lesen, nicht einmal sprechen. Er war vollkommen auf die Hilfe anderer angewiesen, und seine Frau war einfach nicht mehr in der Lage, Mitgefühl und Geduld mit ihm zu haben. Sie war physisch total erschöpft. Es war einen Tag, bevor ich mit meinem Workshop dort beginnen sollte.

Da ich an göttliche Manipulation glaube, war ich sicher, daß ich in diesem Seminar einen Mann finden würde, der dieser Frau helfen konnte. Ich fragte sie, ob sie ihren Mann wirklich verlassen wollte, und sie sagte: „Nein." Sie war nur physisch am Ende, es war einfach zu viel. Sie hatte zwei Kinder zu versorgen und den kranken Mann. Ich bat sie, es wenigstens noch eine weitere Woche auszuhalten. Es kommen immer viele Männer zu den Workshops, und ich würde schon den richtigen Mann finden, der ihr

bei der Arbeit helfen könnte. Dann würde sie wenigstens nachts wieder durchschlafen können. Sie hatte die Absicht gehabt, ihren Mann ins Krankenhaus zu bringen und ihn dort zur Betreuung zu lassen. Sie wußte keinen anderen Ausweg mehr. Sie versprach mir dann aber, es noch eine weitere Woche lang zu versuchen.

Gleich zu Beginn des Workshops sah ich mir alle männlichen Teilnehmer genau an - meistens kamen mehr Frauen als Männer. Es war mir fast, als könnte ich riechen, daß der Richtige hier anwesend war. Einer nach dem anderen stellte sich vor, aber keiner von ihnen schien mir geeignet, die Pflege dieses etwa 50jährigen Mannes zu übernehmen, der ein sehr geachteter Richter gewesen war und nun hilflos dalag, unfähig sich zu bewegen oder auch nur zu sprechen.

Als letzter stellte sich ein Mann aus Kalifornien vor, der nun hier in Schweden lebte. Er sagte zu mir: „Elisabeth, es war schon immer mein Wunsch, in Ihre Fußstapfen zu treten. Bitte, lassen Sie mich für Sie arbeiten." Ich gab ihm zu bedenken, daß wir täglich 12 Stunden arbeiten, worauf er nur erwiderte: „Das ist in Ordnung." „Macht es Ihnen etwas aus, Nachtschicht zu arbeiten?" Er sagte: „Nein, das macht mir nichts aus." Ich fragte weiter: „Würden Sie für andere kochen? Wie ist das mit Rauchen? Können Sie den Patienten eine Zigarette anzünden, ohne sie dafür zu verurteilen und sie als Raucher abzustempeln?" „Es stört mich nicht, ihnen Zigaretten anzuzünden. Ich brauche sie ja nicht selbst zu rauchen." Im weiteren Gespräch wurde mir dann klar, daß er eine „Workshopitis" hatte. Er hatte jeden großen Guru in allen Teilen der Welt aufgesucht, von Esalen bis Sai Baba, und fuhr von einem Workshop zum nächsten. Solche Leute verursachen mir Gänsehaut. Sie erinnern mich an Parasiten, die immer nur nehmen, nehmen, nehmen.

Je länger ich ihm zuhörte, desto mehr bekam ich den Eindruck, es mit einem Übermenschen zu tun zu haben. Da er Vegetarier war, fragte ich ihn, ob er auch ein gutes Steak zubereiten würde und es dann für den Patienten in kleine Stücke schneiden würde. Ich versuchte wirklich alles, ihm die Arbeit so abschreckend wie möglich darzustellen, aber er sagte immer nur: „Ich bin mit allem einverstanden." Das letzte, was mir noch zu sagen einfiel, war: „Wir können Sie aber für Ihre Arbeit nicht bezahlen." Aber auch das konnte ihn nicht aufhalten, und so willigte ich schließlich ein. „Gut, Sie können gleich nach Beendigung des Workshops mit der Arbeit anfangen." Er schien sehr darüber erfreut zu sein. Ich war allerdings überzeugt, daß er sich nach Beendigung des Workshops einfach aus dem Staub machen würde.

Nachdem der Workshop vorüber war, waren wir alle sehr erschöpft.

Trotzdem fing dieser Mann sogleich mit der Arbeit an. Er kochte Essen für die Frau und die Kinder und fütterte den Ehemann. Ich glaube, in ganz Europa hätte ich keinen besseren Helfer für diese Familie finden können.

Ich schämte mich fast, daß ich so viele Vorurteile gegen diesen Mann gehabt hatte. Seitdem bin ich viel vorsichtiger mit meiner Einschätzung von Kaliforniern.

Er hatte an sehr vielen Seminaren teilgenommen und nun war es an der Zeit, Liebe in die Tat umzusetzen. Nachdem der Richter gestorben war, blieb der Mann noch 2 Wochen bei der Familie. Er kümmerte sich um die Beerdigungsformalitäten und stand der Ehefrau und den Kindern bei. Etwa einen Monat später schrieb er mir eine Postkarte nach England: „Liebe Elisabeth, ich bin bereit für meine nächste Aufgabe." Und er ist auch heute noch für uns tätig. Das ist wahre Liebe. Es ist nicht genug, nur über Liebe zu reden, wir müssen sie praktizieren.

Ich habe immer wieder erfahren, daß Aidspatienten sehr hilfreich und fürsorglich zueinander sind. Vor 2 Jahren hörte ich diese wahre und sehr rührende Geschichte von einem Ehepaar, dessen Kind durch eine Bluttransfusion mit Aids infiziert worden war und schließlich daran starb. Dieser Fall hatte nichts mit Homosexualität zu tun. Trotzdem weigerten sich die Beerdigungsinstitute, dieses Baby zu bestatten. Die Eltern waren verzweifelt. Erst der Verlust ihrer geliebten Tochter, und nun sollten sie ihr noch nicht einmal ein schönes Begräbnis bereiten können? Da tauchte eines Tages ein Homosexueller auf und erklärte den Eltern: „Wenn Sie Schwierigkeiten haben sollten, ein Bestattungsinstitut für Ihre Tochter zu finden, dann werden wir selbst dafür sorgen, daß sie die schönste Beerdigung bekommt, die Sie sich nur vorstellen können." Hunderte von Homosexuellen und Nicht-Homosexuellen nahmen an diesem Begräbnis teil. Sie hatten für alles gesorgt: einen Chor, Blumen und sogar eine ganze Schulklasse von Kindern, die das Lieblingslied des verstorbenen Kindes sangen. Die Familie spricht heute noch von dieser wunderschönen Zeremonie. Und dies waren Leute gewesen, die Homosexuelle mit schmutzigen und gemeinen Ausdrücken betitelt hatten, bevor ihre eigene Tochter an Aids erkrankte.

Aids ist zu einem großartigen Katalysator der Liebe geworden. Es trennt sozusagen die Spreu vom Weizen. Die Spreu sind diejenigen, die andere kritisieren und häßlich zu ihren Mitmenschen sind. Und dann haben sie auf einmal selbst einen Aidskranken in der Familie, oder etwas ähnlich Drastisches geschieht, und alles in ihrem Leben ändert sich. Ich bin überzeugt davon, daß der Ausbruch der Aidsepidemie das Bewußtsein der Erde um ein Hundertfaches angehoben hat. Menschen, die nie geglaubt hatten, daß sie etwas aus Liebe für andere tun würden, erklären sich nun

freiwillig bereit zu helfen, wenn ein Babysitter für ein aidskrankes Baby gesucht wird.

Ich kenne ein Ehepaar, das ein aidskrankes Baby aus einem Krankenhaus entführt hat, weil sie wußten, daß es dort nicht die Zuwendung und Liebe bekommen würde, die es brauchte. Dieses Ehepaar ist durch die Gegenwart des Babys so verändert worden, daß man sie nicht wiedererkennt. Sie strahlen von Innen heraus. Sie haben seitdem noch 7 weitere Aidsbabies adoptiert.

Ein Aidskranker kann wesentlich dazu beitragen, daß Familienmitglieder Zugang zu ihrer eigenen Liebe finden. In einem New Yorker Krankenhaus habe ich viele Aidskranke kennengelernt. Viele von ihnen bekommen nie Besuch. Ein junger Mann, er war homosexuell, litt besonders darunter, von seinem Vater vollkommen abgewiesen zu werden. Er litt mehr unter emotionellen als physischen Schmerzen. Sein Vater hatte ihn offiziell und legal enterbt und weigerte sich, ihn überhaupt noch als seinen Sohn anzuerkennen. Alles, was dieser aidskranke Mann wollte, war, von seinem Vater in den Arm genommen zu werden. Aber sein Vater war außerstande, seinen Sohn auch nur zu berühren, und sprach sehr häßlich und abfällig über ihn.

Kurz bevor der Sohn starb, kam sein Vater ins Krankenhaus. Nervös ging er den Gang auf und ab, ohne jedoch irgendeinen der Räume zu betreten. Ein schwarzer Krankenpflegehelfer beobachtete den alten Mann und schließlich dämmerte ihm, daß dies der Vater des sterbenden Mannes in dem Zimmer sein mußte. Er hatte den Eindruck, daß der Vater voller Schuldgefühle und Reue war und am liebsten in das Zimmer gegangen wäre, um seinem Sohn zu sagen, daß er ihn liebt. Aber er war zu starrsinnig und zu stolz.

Als der alte Mann wieder einmal vor der Zimmertür seines Sohnes stand, öffnete der Pfleger die Tür, schubste den alten Mann hinein und sagte: „Hier ist Ihr Sohn. Das ist

Ihre letzte Chance, ihn in den Arm nehmen zu können." Der alte Mann sah den Mann in dem Bett, der nur noch Haut und Knochen war und kaum noch irgendeine Ähnlichkeit mit seinem Sohn hatte, und sagte: „Das ist nicht mein Sohn." Der Pfleger ließ nicht locker und forderte den Mann auf: „Gehen Sie nur näher heran, dann werden Sie sehen, daß es wirklich Ihr Sohn ist." Auf einmal hörte er den Mann vom Bett her sagen: „Ja, Vater, ich bin es." Und sie umarmten und küßten sich und schlossen Frieden miteinander. Noch in der gleichen Nacht starb der Sohn. Ohne die Hilfe des schwarzen Pflegers hätte der Vater den Rest seines Lebens unter Schuldgefühlen gelitten. Aber so hatte er noch im letzten Moment Frieden schließen können.

Es hilft nicht, Gefühle von Intoleranz, Wut oder Aversion gegen eine andere Person einfach zu verleugnen. Das würde wiederum nur Schuldgefühle erzeugen. Wir müssen diese negativen Emotionen ausdrücken und uns von diesem Aspekt in uns frei machen. Andernfalls werden wir nie in der Lage sein, andere zu lieben. Je mehr wir uns von diesen destruktiven Gefühlen befreien können, desto mehr Raum ist da, der mit Liebe erfüllt werden kann.

In Verbindung mit Schuldgefühlen möchte ich an dieser Stelle etwas mehr Klarheit in das Thema Abtreibung bringen.

Da jede Seele ein Teil Gottes ist, ist sie allwissend. Sie kennt den Vater und die Mutter, die sie sich ausgesucht hat. Glauben Sie wirklich, daß eine solche Seele, die all die Weisheit Gottes in sich trägt, in einen Fötus eintreten würde, der abgetrieben und zerstört werden soll? Sie würde das niemals tun. Diese Seelen suchen sich einfach andere, empfänglichere Eltern. Abtreibung ist also nicht Tötung eines beseelten, menschlichen Wesens. Es wird dabei nur etwas getötet, das als Tempel für das menschliche Wesen dienen sollte, in das die Seele einziehen würde. Es ist nicht Tötung eines menschlichen Wesens. Es ist wichtig, diese Unterscheidung zu machen. Überall in den Vereinigten Staaten wird in den Kliniken das Leben von Müttern aufs Spiel gesetzt, nur um Babies zu retten. Die Seele des Babys ist immer sicher und geschützt. Die Menschen handeln aus Arroganz und Mangel an wahrem Wissen. Wenn die Mütter nur wüßten, daß sie durch Abtreibung nicht ihr Baby töten, wäre eine Riesenlast von ihren Seelen genommen.

Auch sterbenden Menschen gegenüber haben wir wenig Verständnis und Mitgefühl. Ich habe oft erlebt, daß in den europäischen Ländern, wie z.B. Deutschland und der Schweiz, die sterbenden Patienten einfach in ein Badezimmer abgeschoben werden. Dort sind sie dann ganz alleine und warten auf den Tod. Hier in Amerika werden sie zwar nicht ins Badezimmer abgeschoben - vielleicht sind diese zu klein oder werden zu anderen Zwecken gebraucht -, aber auch hier sind sie so weit wie nur möglich vom Schwesternzimmer entfernt.

Menschen fürchten sich vor Sterbenden, weil sie durch sie daran erinnert werden, daß auch für sie einmal die Zeit kommt, diese irdische Ebene wieder verlassen zu müssen. Es ist also in erster Linie Angst, die uns davon abhält, Liebe zu geben. In vielen Ländern findet aber auch diesbezüglich schon eine Änderung der Einstellung statt. Leider fehlt es oft noch an angemessenen Möglichkeiten der Behandlung, um die Schmerzen zu mildern. Menschen können heutzutage selbst die Wahl treffen, ob sie in eine Sterbeklinik gehen wollen, was dann soviel heißt wie: „Ich bin am sterben, meine Tage sind gezählt." Die Patienten selbst sind bereit, und es sind meist nur noch die Angehörigen, die Einwände dagegen erheben wollen.

Ich hatte hier in New York eine jüdische Bekannte, die schwer krebskrank war. Ihr Ehemann rief mich an und fragte mich, ob ich sie in einer Sterbeklinik unterbringen kann. Ich sagte: „Sicherlich." Es gelang mir innerhalb von 24 Stunden, ein Bett in einer sehr guten Sterbeklinik für sie zu bekommen. Der Ehemann und die Familie lehnten allerdings meinen Vorschlag ab, denn sie glaubten, es der Frau, die ja Jüdin war, nicht zumuten zu können, von Nonnen betreut zu werden. Er meinte, das sei ihr sicherer Tod. Ich mußte sehr an mich halten, um den Mann nicht darauf hinzuweisen, daß dann wenigstens das Leiden seiner Frau ein Ende hätte. Von einer höheren Ebene aus würde sie dann erkennen, daß wir nichts zu fürchten brauchen. Hätte sie zulassen können, von Nonnen gepflegt zu werden, dann hätte sie erfahren, daß diese keinen Unterschied dabei machen, wem sie ihre Liebe geben, schwarz oder weiß, katholisch, protestantisch oder jüdisch. Liebe ist Liebe.

Ich muß es immer wieder wiederholen, weil es so wichtig ist: Um mehr Liebe geben zu können, müssen wir den Haß, der verborgen in unserem Unterbewußtsein schwelt, ins Bewußtsein bringen und ausdrücken, wie ich es am Beispiel der Mutter, deren Tochter ermordet worden war, demonstriert habe. Sie hatte sich mit einer so dicken Lage von Haß umgeben, daß man sie bildlich gesprochen mit einem Messer hätte durchschneiden können. Nachdem sie all ihren Gefühlen Ausdruck gegeben hatte, erfüllte sie ein unbeschreibliches Gefühl der Erleichterung. Natürlich sollten Sie niemals Ihren Haß an einem Baum, Ihrem Ehemann oder Ihren Kindern auslassen, sondern nur an anonymen Gegenständen. Es mag sein, daß die Ursache Ihres Hasses weit in Ihrer Kindheit zurückliegt. Vielleicht sind Sie physisch oder sexuell mißbraucht worden oder haben ein ähnliches Trauma durchlebt. Nachdem die damit verbundenen Gefühle ausgedrückt worden sind, sind Sie offen, wirklich Liebe zu erfahren. Das ist es, was Leute in meinen Seminaren erleben. Es ist dabei wichtig, daß Sie in diesem Prozeß bedingungslos akzeptiert und in keiner Weise verurteilt werden. Hören Sie diesen Menschen zu, ohne sie zu verdammen oder zu richten. Bewundern Sie den Mut dieser Leute, ihre häßliche Seite zu zeigen, um künftig ihr ganzes Sein mit mehr Licht und Liebe erfüllen zu können. Tausende von Menschen haben diese Transformation erfahren.

Wir arbeiten auch mit vielen Menschen, die durch Drogen versuchten, sich der Konfrontation mit ihren Gefühlen zu entziehen. Nachdem sie den schmerzhaften Prozeß des Drogenentzugs durchgestanden hatten, wurden aus ihnen die einfühlsamsten, verständnisvollsten und liebenswertesten Menschen.

Wir möchten oft gerne wissen, was die Zukunft uns bringen wird, aber hätten wir dieses Wissen, wäre Wachstum meist nicht möglich. Es ist die Möglichkeit der freien Wahl, durch die wir wachsen. Es gibt keine Zufälle im Leben. In Zeiten, in denen ich nicht gut auf meine geistigen Begleiter zu sprechen bin, nenne ich diese sogenannten Zufälle *„Manipulationen"*, weil ich mich von ihnen manipuliert fühle. Wenn sie jedoch besonders bemerkenswert sind, bezeichne ich sie als *„göttliche Arrangements."*

Alles hier auf Erden hat eine Bedeutung. Meistens geschehen Dinge, damit wir durch sie wachsen, aber manchmal wird uns auch einfach nur die Gelegenheit gegeben, uns vom letzten „Sturm" zu erholen. Den Prozeß unseres Wachstums kann man sich ungefähr folgendermaßen vorstellen:

Wir werden unter den göttlichen Schleifstein gesetzt, und wir können dann entweder als ein zerbrochener Stein oder als ein geschliffener Edelstein hervorkommen. Kommen

wir als Edelstein heraus, kommt die nächste Stufe des Schleifprozesses, und so geht es endlos weiter.

Warten Sie aber nun auf den nächsten Sturm, weil Sie glauben, auf diese Weise schneller wachsen zu können, wird er sicherlich nicht kommen. Wir bekommen meist nicht, was wir uns wünschen, sondern was wir am meisten brauchen - und das sind in der Regel Situationen, die wir am wenigsten erwarten. Das Beste ist, sich immer auf das Unerwartete einzustellen und zu akzeptieren, was Ihnen im Moment gegeben wird. Ist es ein Segen, nehmen Sie ihn dankbar an und erfreuen Sie sich daran.

Bedenken Sie, daß Sie für alles verantwortlich sind, was Sie denken, sagen oder tun - alles. Leider sind sich die meisten Menschen nicht bewußt, wieviel Macht selbst ihre Gedanken haben. Ich muß es immer wieder wiederholen: Es wäre wunderbar, wenn wir uns in allem nur von Liebe leiten lassen würde, aber Sie können keine Liebe geben, wenn Sie nie Liebe empfangen haben.

Zwischen unseren Inkarnationen haben wir so viel Zeit, wie wir benötigen, um unser nächstes Erdenleben vorzubereiten. Es muß sorgsam bedacht werden, was aus unseren verschiedenen Leben noch an Karma ausgeglichen werden muß. Deshalb sage ich immer: „Hitler, Sie sollten als Arzt zurückkommen und ein Mittel zur Heilung von Aids finden. Sie könnten Millionen von Menschen damit helfen und somit in einem Leben alles wiedergutmachen, was Sie an Leid verursacht haben."

Das Wichtigste, was wir zu lernen haben, ist, uns selbst zu lieben. Trotz meiner 69 Jahre fange ich jetzt gerade erst damit an. Ich meine damit nicht Egoismus oder Narzißmus oder dergleichen. Aber es ist uns nur in dem Maße möglich, andere zu lieben, wie wir uns selbst lieben. Auch Jesus sagte: „Liebe Deinen Nächsten wie Dich selbst."

Leider hat mich nie jemand gelehrt, wie ich mich selbst lieben kann. Uns wurde nur beigebracht, daß der Wille und die Zeit der Erwachsenen immer wichtiger waren, als unsere Zeit und unser Willen.

Jeder Mensch hat eine Seele, dieser Teil Gottes, der nur Liebe ist. Es gibt ein bekanntes amerikanisches Lied, das heißt: „Laß es scheinen, laß es scheinen, laß es scheinen." Lassen Sie Ihr Licht scheinen, Ihre tief in Ihrer Seele verborgene Liebe, die zum Vorschein kommen will. Es gibt keine bösen Menschen. Wir müssen ihnen nur helfen, sich von ihrer Negativität zu befreien, ohne sie zu kritisieren, sondern sie in ihren Bemühungen ermutigen. Je mehr wir ihnen bei diesem Prozeß helfen, desto offener werden sie für ihr eigenes Licht und ihre eigene Liebe.

Jesus kam freiwillig als Mensch auf diese Erde, um uns zu demonstrieren, daß wir mit Liebe alles erreichen können. Es gibt nichts, was mit Liebe nicht möglich wäre. Wir können die ganze Erde heilen und Frieden bringen. Jesus sagt: „Was ich kann, das könnt auch Ihr und vieles mehr." Und das ist wahr. Wenn wir seinem Beispiel folgen, wird die Erde zu einem Paradies. Jeder von uns hat diese Christus-Energie in sich. Es macht keinen Unterschied, ob Sie Katholik, Moslem, Buddhist oder Jude sind. Oft finden wir unter den Nichtchristen die besten Christen.

Das größte Ziel, das Sie hier auf Erden erreichen können, ist, *Sie selbst* zu sein, d.h. zu wissen, daß Sie ein Kind Gottes sind. Wir haben alle das Potential, dem Beispiel Jesu zu folgen und der gesamten Schöpfung gegenüber wahre Liebe auszudrücken.

Wenn wir das erreicht haben, ist es nicht mehr notwendig für uns, auf die Erde zurückzukehren. Zu Beginn unserer Menschheitsgeschichte hier auf Erden waren wir nur Liebe. Erst als wir uns entschieden, unseren eigenen Weg zu gehen - ohne Gott -,

fielen wir immer tiefer und tiefer und verloren unsere Liebesfähigkeit. Durch diesen Fall waren wir nicht mehr länger ein Ebenbild Gottes, und nun müssen wir Schritt für Schritt den Berg wieder ersteigen, bis wir wieder werden wie Christus und unsere Gedanken, Worte und Handlungen nur von Liebe zeugen.

Elisabeth Kübler-Ross
Über den Tod und das Leben danach

Sonderausgabe

Der Innenteil dieser hochwertigen Leinenausgabe wurde durch 11 ganzseitige, farbige, meditative Illustrationen des Künstlers Peter Dorn ergänzt. Das weltweit bekannte Buch mit seinen überzeugenden Beweisen für ein Leben nach dem Tod gilt mittlerweile als Klassiker zu diesem Thema.

ISBN 3-923781-02-4
89 Seiten, broschiert, € [D] 11,90

SONDERAUSGABE
ISBN 3-931652-10-6
112 Seiten mit vielen meditativen Illustrationen
gebunden 15 x 21cm
€ [D] 19,90

Elisabeth Kübler-Ross
Jedes Ende ist ein strahlender Beginn

Bildband mit Texten von E. Kübler-Ross und Fotos von Dr. G. Siebel

Dr. Gottfried Siebel ist katholischer Theologe und hat sich jahrelang der aktiven Sterbebegleitung gewidmet, wobei ihm die Bücher der Ärztin E. Kübler-Ross eine wichtige Stütze waren. Es war seine Idee, Schmetterlinge zu fotografieren und diese den aussagekräftigsten Sätzen von der bekannten Sterbeforscherin gegenüberzustellen, ist doch das Verwandlungsmotiv von der Raupe zum Schmetterling eine Parallele zu unserer eigenen Verwandlung. Ein wunderbares Geschenkbuch, welches zu begeistern weiß.

ISBN 3-923781-66-0
64 Seiten mit 16 Farbfotografien
gebunden, 21x21 cm
€ [D] 13,90

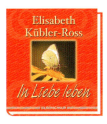

Elisabeth Kübler-Ross
In Liebe leben

»In Liebe leben« ist die Essenz der Erfahrungen und Erkenntnisse der weltberühmten Ärztin und Sterbeforscherin Elisabeth Kübler-Ross. Durch ihr eigenes außerkörperliches Erlebnis und die Begleitung vieler Sterbenden konnte sie Millionen Menschen die Angst vor dem Tod nehmen und die Bedeutung unseres Erdenlebens vermitteln.
Ein lichtvolles, liebevoll illustriertes Geschenkbüchlein, das uns daran erinnert, was das Wichtigste in unserem Erdendasein ist: »In Liebe leben«.

ISBN 3-89845-024-4
64 Seiten, durchg. farbig
gebunden, 15 x 15 cm
€ [D] 9,90

Elisabeth Kübler-Ross
Der Dougy Brief – Worte an ein sterbendes Kind

Diesen Brief an den neunjährigen Dougy, für den es keine Hoffnung auf Überleben mehr gab, verfasste Elisabeth, nachdem er ihr geschrieben und ihr folgende Fragen gestellt hatte: »Was ist Leben?... Was ist Tod? ... Und warum müssen Kinder sterben?« Bisher wurde dieser Dougy-Brief nur tausendfach privat vertrieben. Jetzt endlich kommt der sehr gefragte Brief auch in den Buchhandel.

ISBN 3-89845-033-3
16 Seiten, broschiert, durchg farbig
€ [D] ca. 6,95

Elisabeth Kübler-Ross
Sehnsucht nach Hause

In diesem Buch teilt uns die weltberühmte Ärztin Dr. Elisabeth Kübler-Ross das größte Geheimnis mit, das uns nach dem Tod erwartet.
Sie hat Hunderte von Sterbenden begleitet und sich berichten lassen, was diese kurz vor ihrem Tod erblickten. Sie sahen die verstorbenen Verwandten, die gekommen waren, sie abzuholen.
Sie selbst durfte einmal einen Blick hinter den »Schleier« werfen, wovon dieses Buch berichtet.
Dieses Buch vermittelt wie wohl kein anderes Hoffnung auf das, was uns nach dem Tod erwartet.

ISBN 3-931652-21-1
60 Seiten mit 11 ganzseitigen Farbfotos, gebunden, 21 x 21 cm
€ [D] 13,90

Elisabeth Kübler-Ross
Sterben lernen - Leben lernen

Fragen und Antworten

Was Sigmund Freud für die Psychologie war, ist sicherlich E. Kübler-Ross für die Sterbeforschung. Ihr ist zu verdanken, dass weltweit die neuen Erkenntnisse über Sterbende und deren richtige Betreuung an allen medizinischen Ausbildungsstätten gelehrt werden.
Dieses Buch gibt wichtige Antworten auf Fragen wie: Auf was muss ich achten, wenn ich mit Sterbenden zusammen komme? Wie kann ich Angehörigen eines Sterbenden oder eines soeben Verstorbenen beistehen? Wie gehe ich selbst mit dem Verlust eines mir Nahestehenden um? Unmissverständlich macht die Autorin klar, dass wir die Angst vor dem Sterben und dem Tod erst verlieren müssen, bevor wir wirklich frei sein können zum Leben.

ISBN 3-923781-80-6
64 Seiten mit 28 ganzs. Farbfotos gebunden, 21x21 cm
€ [D] 13,90

Elisabeth Kübler-Ross
Warum wir hier sind

Elisabeth Kübler-Ross beantwortet vor allem solche Fragen, die in ihren anderen Büchern noch nicht gestellt wurden und die uns alle bewegen: Warum sind wir Menschen hier? Warum müssen wir immer wieder inkarnieren? Warum vergessen wir eigentlich, woher wir gekommen sind? Was sollen wir in dieser Erdenschule lernen? Was können wir aus einer Partnerschaft lernen? Wie kann man mit dem Jenseits in Kontakt kommen? Wie bereiten wir uns auf ein erneutes Erdenleben vor? Hat denn alles, was einem im Leben widerfährt, einen Sinn? Haben wir uns wirklich all das, was uns passiert, selbst schon vorher ausgesucht?

ISBN 3-931652-72-6
60 Seiten mit 11 Farbbildern
21x21 cm, gebunden
€ [D] 14,90

Lise Thouin
Die Reise zum Kristallplaneten

Kinder im Sterben begleiten

Im Sommer 1985 hängt der Autorin Leben am seidenen Faden. Die kanadische Schauspielerin und Sängerin wird von einem Virus befallen, der sie an den Rand des Todes bringt. Wie durch ein Wunder bleibt sie am Leben, nach einem kurzen Blick auf die andere Seite des Seins. Und von da an ist alles anders. In intensiven Worten beschreibt sie ihre neugefundene Lebensaufgabe: die liebevolle Begleitung sterbenskranker Kinder auf ihrer letzten Reise – und manchmal wieder ins Leben zurück.

ISBN 3-89845-021-X
380 Seiten, gebunden
€ [D] 17,90